GAUTHIER et DESCHAMPS

AVEC LA COLLABORATION D'INSTITUTEURS ET D'HISTORIENS

HISTOIRE

DE

FRANCE

par L'IMAGE

Classes

enfantines

194 GRAVURES

SAINT-LOUIS ENFANT ET SA MÈRE BLANCHE DE CASTILLE

PARIS

HACHETTE ET Cⁱᵉ

ÉDITEURS

Prix : 40 centimes.

voir aussi au
même 973 a
dans le H°

GAUTHIER et DESCHAMPS

PETITS TABLEAUX
d'HISTOIRE DE FRANCE
par l'IMAGE

HENRI IV JOUANT AVEC SES ENFANTS

PARIS
LIBRAIRIE HACHETTE ET Cⁱᵉ
79, BOULEVARD SAINT-GERMAIN, 79

1907

Vercingétorix

**le chef gaulois
qui se battit
contre
Jules César**

La grande fête des Gaulois

Jules César

**le général romain
qui, malgré
Vercingétorix,
conquit la Gaule**

1. La cueillette du gui était chaque année la grande fête des Gaulois. Des prêtres ou druides le coupaient sur les chênes avec une serpe en or; d'autres druides recevaient le gui sur un drap d'étoffe blanche. Les Gaulois se le distribuaient comme étrennes, en disant : « Au gui, l'an neuf! »

Soldat Gaulois

Soldat Romain

2. Les Romains eurent l'ambition de s'emparer de toute la Gaule. Jules César venait d'en conquérir une partie lorsque Vercingétorix, ayant réuni une armée, tenta de repousser César. Malheureusement, Vercingétorix fut vaincu à *Alésia*. Dès lors, les Romains furent maîtres de la Gaule.

Vercingétorix vaincu

Il se livre à Jules César pour sauver ses soldats de la mort

3. Si les Gaulois avaient été unis, si, au lieu d'être jaloux les uns des autres, ils s'étaient entendus pour défendre tous ensemble leur patrie, jamais le général romain, Jules César, n'aurait pu faire la conquête de la Gaule.

N'oublions pas que l'union fait la force.

Le roi Clovis

C'est le Franc Clovis qui a chassé les Romains de la Gaule

Francs allant au combat

Le roi Dagobert

Le bon roi Dagobert a été le seul grand roi des descendants de Clovis

4. Les Francs étaient grands et forts. Ils rejetaient en arrière leurs cheveux blonds, qu'ils teignaient en roux. Ils se rasaient les joues et le menton, mais gardaient de longues moustaches. Très braves, ils cherchaient à se donner un air terrible.

Election du roi Clovis

Le vase de Soissons

Baptême du roi Clovis

5. Les guerriers francs firent monter leur chef Clovis sur un bouclier, et le portèrent sur leurs épaules ; ils le promenèrent ainsi autour du camp. C'est de cette manière que, sans plus de cérémonie, Clovis fut proclamé roi des Francs.

6. Clovis réclamait un vase magnifique. Un soldat le lui refusa. Clovis, offensé, tua le soldat. Clovis était bien cruel!...

7. Le roi Clovis, pour se faire l'ami des évêques, reçut le baptême. Il fit aussi baptiser tous ses guerriers.

Après cela, voulant être le seul maître de la Gaule, il chassa tous les peuples étrangers qui occupaient ce pays.

Charles Martel vainqueur des Arabes à Poitiers

8. Les Arabes ont pénétré dans la Gaule. Vont-ils faire la conquête de notre beau pays comme autrefois les Romains ? Non, non ! Regardez le vaillant Charles Martel, à la tête de guerriers francs. Il terrasse l'ennemi à Poitiers; il frappe dur, se servant de sa bonne hache comme un forgeron de son marteau. Les Arabes n'y peuvent tenir; ils s'enfuient. La Gaule resta aux Francs !

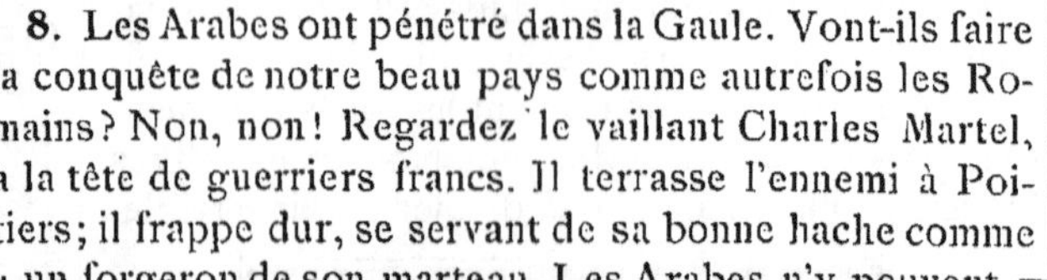

Charles Martel

le vainqueur des Arabes

9. Charles Martel était un officier ou maire du Palais. C'est en souvenir des rudes coups de hache portés sur les Arabes, à Poitiers, qu'il reçut le nom de « Martel ».

Pauvres rois fainéants !

10. Les maires du Palais étaient les maîtres du pays. Les rois, qu'on appelait « rois fainéants », privés de leur pouvoir, devenaient malades. On les promenait lentement, dans des lits traînés par des bœufs.

Pépin le Bref

fils de Charles Martel

11. Le vainqueur de Poitiers, Charles Martel, ne fut pas roi. Mais son fils, Pépin le Bref, détrôna le descendant de Clovis et prit pour lui-même la couronne royale.

L'empereur Charlemagne

12. Ce beau cavalier, entouré de ses preux ou braves, c'est le plus puissant souverain des premiers temps de l'Histoire de France, c'est Charlemagne, fils très illustre de Pépin le Bref. Au temps de Charlemagne, les peuples encore barbares étaient toujours en guerre. Aussi, tant que dura son règne, le grand empereur fit la guerre. Charlemagne fut toujours victorieux.

Roland
le neveu de Charlemagne

13. Ce guerrier, à demi mort, qui sonne du cor et dont la main se crispe sur une épée, c'est Roland, neveu de Charlemagne. Les Arabes l'ont blessé à mort. Il appelle à son secours !

Les Normands, rois de la mer

Durandal
l'épée du brave Roland

14. Hélas ! Charlemagne arrivera trop tard pour secourir son neveu. Il le trouvera mort ; mais sa main serrera encore la glorieuse Durandal, tant redoutée des ennemis.

Avant d'être de bons Français, les Normands ont été des pilleurs de mer ou pirates. Ils venaient des pays du nord, montés sur des barques fantastiques. Ils naviguaient sur nos fleuves et en dévastaient les rives.

Charlemagne reçoit la soumission des peuples vaincus

15 L'empereur, campé sur son cheval comme sur un trône, est ému. Il regarde, agenouillés devant lui, les rudes guerriers saxons. A leur tête, voyez le grand chef, Witikind ! Charlemagne a triomphé de ces héros. Durant 30 ans, il a fait la guerre aux Saxons, guerre atroce ! Presque tous les hommes d'armes sont morts en combattant. Et maintenant l'admirable Witikind, pour sauver ce qui reste de sa patrie, se rend à Charlemagne qui fera de la Saxe sauvage un pays civilisé.

Charlemagne
dictant ses lois

16. Charlemagne veut que la justice soit la même pour ses sujets. Tous, riches comme pauvres, doivent obéir à ses lois.

Les bons élèves récompensés

17. **Charlemagne visite ses écoles ; il récompense les bons écoliers, mais il gronde les paresseux.**

Charlemagne
couronné empereur

18. Charlemagne règne sur tant de nations que le titre de roi ne lui suffit plus. A Rome, il est couronné empereur, l'an 800.

Au temps où les reines filaient...

19. Au temps jadis, à l'époque appelée la « Féodalité », les seigneurs habitaient les châteaux tristes comme des prisons. Ils avaient toujours les armes à la main, car ils étaient sans cesse en guerre avec les autres seigneurs voisins.

À la veillée, pour distraire châtelaine, vieillards et enfants, on faisait entrer un poète ou « troubadour », qui allait de château en château. Voyez-le, ici, chanter les aventures des héros.

Un tournoi
Époque féodale

20. Ces deux cavaliers tournent en sens inverse ; il cherchent à se donner des coups de pique pour se jeter à bas de cheval. Quel jeu brutal !

En route pour l'attaque !...

22. Ce guerrier de l'ancien temps, avec sa cotte de mailles, sa lance, son bouclier, c'est un chevalier partant pour la guerre.

Costumes
Époque féodale

21. Châtelaine et joli page ne dansent pas toujours ! Voici que tinte la cloche d'alarme. L'ennemi attaque le château. Vite à la tour pour se défendre !...

Pierre l'Ermite

22. Très loin de France, en Asie, se trouve Jérusalem. C'est là qu'est le tombeau du Christ. Les Turcs, ennemis des Chrétiens, ont pris cette ville.

Le moine Pierre l'Ermite prêche aux Chrétiens de partir reprendre aux Turcs la ville de Jérusalem.

Pierre l'Ermite

Il prêche la Croisade.
« A Jérusalem !... Guerre aux Turcs ! »

Godefroy de Bouillon

23. A la voix de l'Ermite Pierre, les Chrétiens mettent une croix d'étoffe rouge sur leurs vêtements, et ils s'appellent des « Croisés ». Ils partent en très grand nombre pour Jérusalem. Cette expédition, nommée « Croisade », a eu pour chef Godefroy de Bouillon.

Les Croisés, épuisés de fatigue, s'emparent de Jérusalem
Pour conserver Jérusalem, les Croisés fondent, en Asie, un petit royaume et proclament Godefroy de Bouillon roi de Jérusalem

Un pèlerin

24. Plusieurs rois de France, au nombre desquels fut le roi Saint Louis, ont organisé des Croisades; mais ils ont toujours été vaincus.

Un chevalier

25. Les Chrétiens n'ont pas pu garder Jérusalem. Les Turcs leur ont repris leur Ville Sainte. Les Turcs en sont encore les maîtres.

Les Turcs chassent les Chrétiens de Jérusalem

26. Regardez les Chrétiens vaincus, chassés de Jérusalem; ils défilent, désolés, devant le trône de leur ennemi, le sultan des Turcs, Saladin.

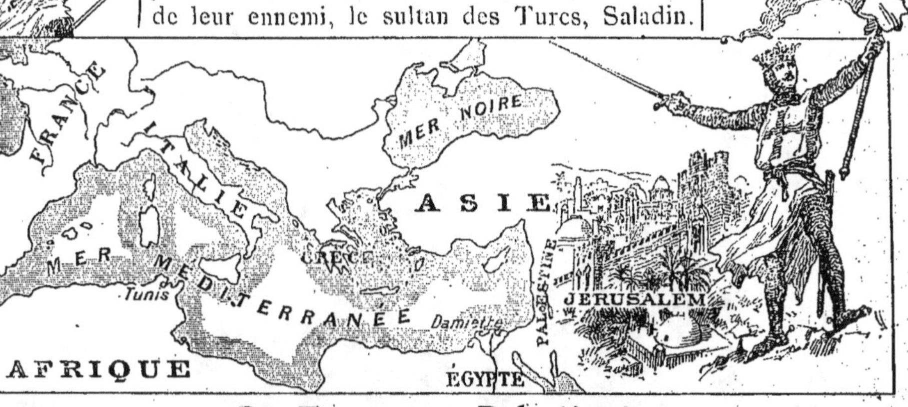

De France en Palestine!

27. En un temps où il n'y avait ni bonnes routes, ni chemins de fer, ni automobiles, que de fatigues nos pauvres ancêtres ont dû subir avant d'arriver à Jérusalem !...

Louis IX
sous le chêne de Vincennes

28. On a raison de nommer Louis IX le « Modèle des rois » : il était bon, brave, juste. Il aimait, par-dessus tout, la justice ; il sut faire respecter et aimer la France à l'étranger.

La Reine Blanche de Castille
faisant étudier son fils, le petit roi Louis IX

Louis IX
s'embarque pour la croisade

29. Louis IX gouverna bien son royaume ; il fut doux et bon pour les Français malheureux. Louis IX mourut de la peste en Afrique, à Tunis, où il avait conduit une croisade.

Le bon Roi Louis IX secourait et consolait les malheureux
Les petits, les pauvres, les malades, les infirmes étaient ses amis.

Du Guesclin enfant

32. Il fut un enfant terrible ; mais en grandissant tous ses défauts se changèrent en qualités.

Eustache de St-Pierre
devant le roi d'Angleterre

31. Pauvre Eustache de Saint-Pierre ! Pauvres bourgeois de Calais ! Le roi d'Angleterre, Édouard III, parce qu'il est le vainqueur, veut leur faire trancher la tête !... Mais la reine Philippine, prise de pitié, se jette aux genoux de son mari et tant pleure, tant supplie, que le roi fait grâce aux six bourgeois de Calais.

Jean le Bon
la bataille de Poitiers

30. Une terrible guerre, qui dura cent ans, éclata entre la France et l'Angleterre. Le roi de France, Jean, fut vaincu à la bataille de Poitiers ; pourtant, il se battait comme un lion. Son jeune fils le défendait, paraît les coups et criait : « Père, gardezvous à gauche !... Père, gardez-vous à droite !... »

Du Guesclin connétable

33. Chef des armées de Charles V, Du Guesclin combat sans cesse les Anglais et partout il en triomphe.

Le roi Jean
surnommé le « Bon »

Le roi Charles V
surnommé « le Sage »

Petite Jeanne !
la Fleur de
France

Jeanne d'Arc,
la Fille au
grand cœur

Jeanne d'Arc, douce bergère de Lorraine

34. Tout en gardant les troupeaux de son père, Jeanne songe aux malheurs de la France....

Entrée triomphale de Jeanne d'Arc à Orléans

35. La France était bien malheureuse ! Les Anglais avaient pris presque tout notre pays. On se battait partout : c'était atroce ! Jeanne d'Arc pleurait en voyant couler le sang des Français, et elle entendait, dans son cœur, des voix qui lui disaient : « Jeanne, tu sauveras la France ! » Elle quitta sa chaumière ; elle s'en alla à Bourges trouver le roi, qui lui donna une petite armée avec laquelle elle chassa les Anglais d'Orléans.

Jeanne d'Arc à Reims

36. Le fils du roi d'Angleterre s'était fait nommer roi de France. Mais Jeanne d'Arc, après sa victoire d'Orléans, conduisit à la cathédrale de Reims le vrai roi des Français, Charles VII. En grande cérémonie, et en présence de son peuple, il fut proclamé roi. Et Jeanne pleurait de bonheur, en voyant que la France n'aurait plus pour roi un Anglais !

Prisonnière !

A Compiègne, Jeanne d'Arc est faite prisonnière des Anglais

Supplice de Jeanne d'Arc

Glorification !

Aimons et honorons Jeanne d'Arc, morte pour la Patrie

37. Les Anglais, que la bonne Lorraine a empêchés de devenir maîtres de la France, se vengent cruellement. Ils condamnent Jeanne d'Arc à être brûlée vive sur un bûcher, à Rouen.

Le roi Louis XI

38. Dans l'ancien temps, les seigneurs étaient de vrais petits rois dans leurs provinces.

Le roi Louis XI, voulant être seul maître du royaume, fit la guerre aux seigneurs.

Entrée de Charles VIII à Naples

40. Charles VIII, fils de Louis XI, alla faire la guerre en Italie. Il entra triomphalement à Naples, mais il s'y conduisit comme un sot et fut obligé de se sauver d'Italie.

Le duc de Bourgogn

39. Charles le T méraire, duc Bourgogne, était puissant seigne ennemi de Louis Le roi s'empara d provinces de son nemi pour agran le domaine royal.

Louis XII

41. Il a été si bon roi qu'on lui a donné le plus beau surnom qu'un roi puisse avoir : celui de « Père du Peuple ».

François Ier et Bayard

Gaston de Fo

42. Il suivit son cle, Louis XII, guerre, en Ita Gaston de Foix m rut en héros su champ de bata

43. François Ier, secondé par Bayard, remporta à Marignan, en Italie, une gra victoire. Après cette grande victoire, le roi, qui admirait le courage de Bay s'agenouilla devant son illustre sujet, qui le fit « chevalier ».

Le roi François Ier

44. Ce roi chevalier, grand ami des beaux châteaux, des beaux tableaux, des livres imprimés, fut un père pour les écrivains et les artistes.

AU CAMP DU DRAP D'OR

46. Dans une plaine, au nord de la France, on avait dressé un camp où les tentes étaient couvertes de drap et d'or. Ce fut là que François Ier et le roi d'Angleterre se reçurent.

L'empereur Charles-Quint

45. Cet empereur d'Allemagne aurait voulu faire de la France une province de son empire ; mais François Ier veillait, et l'en empêcha !

Le Chevalier sans peur et sans reproche

Au pont du Garigliano, Bayard se battit seul contre les ennemis.

Mort du chevalier Bayard

Les Français au passage des Alpes

Courage ! Il faut faire franchir à notre artillerie ces chaînes de montagnes.

47. Le sire de Bourbon avait trahi la France. Or, il apprend que son ancien compagnon, le brave chevalier Bayard, a été blessé et qu'il va mourir. Vite il accourt auprès du mourant. Bayard lui dit : « N'ayez point pitié de moi, je meurs en homme d'honneur ; mais ayez pitié de vous qui avez trahi votre patrie et votre roi »

L'amiral de Coligny

48. Les catholiques et les protestants se firent la guerre à cause de la religion. Coligny était le chef des protestants

Massacre des protestants

51. Dans la nuit de la Saint-Barthélemy, sur les ordres du roi et de sa mère, tous les protestants qui sont à Paris sont tués. Oh! l'horrible massacre !

Catherine de Médicis et le roi Charles IX

50. Voyez la méchante reine Catherine; elle dit à son fils Charles IX : « Il faut faire tuer tous les Français qui sont protestants » !

Michel de l'Hôpital

49. Il suppliait Français de ne se battre entre On l'appelait « pôtre de Tolérance

Meurtre d l'amiral de Colign

52. Les conseil la méchante Cat ne ont été trop é tés, car voici qu gens du roi vien assassiner le amiral de Colign

Le panache du roi Henri IV

53. Le brave et bon roi Henri IV succède aux fils de Catherine de Mé Entendez-le dire à ses troupes : « Ralliez-vous à mon panache blanc ! »

Le roi Henri IV

54. Henri IV était protestant, « huguenot », comme on disait alors; et, à cause de sa religion, beaucoup de Français le refusaient comme roi.

Henri IV assiège Paris

55. Les Parisiens ne voulant pas d'un roi protestant, Henri IV fut obligé de faire le siège de Paris; mais il laissait entrer pain, viande, légumes, pour que la grand'ville ne mourût pas de faim.

Sully ministre

56. Henri IV, ayant fait la conquête de son royaume, s'efforça, avec l'aide de son ministre Sully, de rendre heureux tous les Français.

Henri IV en famille

58. Même les rois ne peuvent pas travailler toujours! Lorsque Henri IV, aidé de Sully, avait bien étudié le moyen de rendre le peuple plus heureux, il se délassait au milieu de ses enfants; il jouait avec eux et c'était alors à qui rirait le plus fort.

Henri IV et Sully au travail

57. Pendant les guerres de religion, les paysans avaient été bien malheureux. En parlant des paysans, Henri IV disait : « Je veux qu'ils gagnent assez pour mettre une poule dans leur pot-au-feu tous les dimanches! »

Assassinat de Henri IV

59. Hélas! un fou appelé Ravaillac poignarda le bon roi Henri.

Costume
de paysan au
temps de
Louis XIII

Costume
de paysan
au temps
Louis XI

Richelieu et le roi Louis XIII à la Rochelle

60. Après l'assassinat de Henri IV, tout marchait de travers dans le royaume : protestants et les seigneurs refusaient d'obéir au gouvernement. Mais Louis XIII prit pour ministre l'énergique Richelieu. Voyez cet évêque qui parle au roi : c'est Richelieu ! Il fait le siège de la Rochelle, où les protestants rebelles se sont enfermés. Richelieu les soumet, et les protestants redeviennent des sujets utiles, fidèles et obéissants.

Le roi
Louis XIII

Portrait
de Richelieu

Richelieu fut un très
grand ministre

La reine
Anne
d'Autriche

Richelieu mourant

Richelieu travailla jusqu'à
la mort pour la France

Le tombeau
de Richelieu

Richelieu n'eut d'ennemis
que ceux de la France

Carrosse
au temps de
Louis XIV

**Chaise
à porteurs**
au temps de
Louis XIV

La « Grande Mademoiselle! »

Condé
grand général
de
Louis XIV

Turenne
le plus grand
général
de Louis XIV

61. Au roi Louis XIII avait succédé son fils Louis XIV ; et au grand ministre Richelieu avait succédé Mazarin. Les seigneurs, toujours indociles, profitèrent de ce changement pour se révolter encore. Cette révolte fut nommée « la Fronde ».

Une révoltée, la « Grande Mademoiselle », cousine de Louis XIV, s'est mêlée aux canonniers de la Bastille. Voyez-la commander que l'on tire sur les troupes du roi.

Turenne enfant
Son père le trouve endormi
sur l'affût d'un canon

**Portrait
de Mazarin**
Ministre pendant la
jeunesse de Louis XIV

Mort de Turenne
En Allemagne, un obus
le frappa en plein cœur!

**Un grand
écrivain
du règne
de
Louis XIV**

**Un gran
écrivair
du règn
de
Louis XI**

« C'est moi qui serai mon premier ministre! »

62. Après la mort de Mazarin, Louis XIV gouverna lui-même. Il fut bien aidé par son ministre Colbert.

Colbert et le roi au travail

63. C'est Colbert qui avait la lourde charge des finances, c'est-à-dire de l'argent de l'État.

Il aima la France avec passion. Il fut un ministre économe et travailleur.

Jean Bart enfant

64. Colbert organisa notre marine. Un des meilleurs marins de l'époque fut Jean Bart. Il n'entendait rien aux cérémonies; il attendait le roi en fumant sa pipe dans les beaux salons de Versailles.

Dans les salons de Versailles

En costumes magnifiques, brodés d'or, voyez les courtisans faire leur cour au roi!

Un grand
écrivain
du règne
de
Louis XIV

Le brillant Louis XIV parade à la guerre

Un grand
écrivain
du règne
de
Louis XIV

65. Louis XIV aima trop les guerres; il en fit tant qu'il put! Il ruina ainsi son royaume. Sur les champs de bataille, on le voyait parader, faire le beau.

**Costume
de noble**
au temps
de Louis XIV

66. Voyez cette lourde perruque, ce chapeau empanaché, ce costume brodé, enrubanné, compliqué. Comparez-le à nos vêtements simples d'aujourd'hui.

« Messieurs, voici le roi d'Espagne »

Ce jeune homme que Louis XIV présente aux courtisans, c'est son petit-fils Philippe. Il vient d'hériter du trône espagnol.

Noble dame
au temps
de Louis XIV

67. Les nobles dames du temps de Louis XIV portaient, même l'hiver, des robes décolletées. Leurs jupes s'arrondissaient en cloche; leurs cheveux bouclés tombaient sur leurs épaules.

Le duc d'Orléans
oncle de
Louis XV

Le Petit Roi Louis XV et ses précepteurs

**Le roi
Louis X**
surnomm
d'abord l
Bien-Aim

68. Le roi n'avait que 5 ans; le gouvernement de la France fut confié à son oncle, le duc d'Orléans.

69. Le jeune roi Louis XV fut très mal élevé. Il refusait d'obéir à son maître, le cardinal de Fleury. Au lieu de gronder l'enfant impertinent, son gouverneur, le maréchal de Villeroy, le laissait faire.

70. Ne se c
rigeant p
de ses défau
Louis XV
vint un t
mauvais r
il n'aima pas ses suje

le Gd Ministre Turgot

**Louis XVI
le roi trop faible**

Necker
l'habile Ministre

71. Turgot aimait le peuple et voulait lui rendre la vie moins dure. Louis XVI eut tort, pour faire plaisir aux grands seigneurs, de renvoyer Turgot.

72. Necker succéda
grand Turgot; il fut a
du peuple parce
voulait que l'impôt
payé par les nobles con
par le peuple.

Avant la Révolution

La société française comprenait trois classes:
1° le clergé,
2° la noblesse,
3° le peuple.

Serment du Jeu de Paume

Pendant la Révolution

« L'Amour sacré de la Patrie » enflamme le courage des défenseurs de la liberté.

73. Louis XVI a réuni les députés de la nation pour fournir de l'argent à L'État, qui est ruiné. Les députés des nobles se querellent avec les députés du peuple. Alors, ces derniers forment une réunion à part et jurent de donner à la France des lois d'après lesquelles le pays sera gouverné.

74. Le roi ayant rassemblé des troupes pour chasser les députés du peuple, cela exaspère le peuple. Et Camille Desmoulins s'écrie : « Allons prendre la Bastille! »

Mirabeau l'orateur de la Révolution

75. La Bastille était une vieille prison, où les rois enfermaient ceux dont ils croyaient avoir à se plaindre. La Bastille fut prise de force (14 juillet 1789). C'était la première victoire du peuple sur la royauté.

La grande victoire de Valmy!

76. Louis XVI fut accusé de trahir la France : on le guillotina. Sa femme, Marie-Antoinette, subit le même sort. Pour venger LouisXVI, les rois étrangers firent la guerre à la France. Tous les Français, excités par un ardent patriotisme, se firent soldats et, par la victoire qu'ils remportèrent à Valmy, ils sauvèrent la Fr

Les engagés volontaires
sauvèrent la patrie en danger

77. A ces soldats nouveaux, on donne pour chefs de jeunes héros. Voici leurs noms glorieux : Hoche, Marceau, Kléber, Desaix, Carnot, Bonaparte!

l'Organisateur
de la Victoire

Rouget de l'Isle chant
« la Marseillaise »

78. Ses amis, en l'ente pleurent d'enthousiasm répètent avec lui : « Amour de la Patrie, conduis, so nos bras vengeurs ! ».

Le général Bonaparte en Égypte

79. Le général Bonaparte veut conquérir l'Égypte. Avant la bataille, il s'écrie : « Soyez braves, soldats ! Pensez que du haut de ces pyramides quarante siècles vous contemplent... ».

**Bonaparte
passe les Alpes**

80. Bonaparte s'en va combattre en Italie, où ses magnifiques victoires d'Arcole et de Rivoli le couvriront de gloire.

Bonaparte
le glorieux général

**Bonaparte
fait le Coup d'État**

81. Le glorieux général Bonaparte chasse sénateurs et députés; il se nomme consul et devient maître de la France.

Les maréchaux de l'Empire

82. Bonaparte devenu empereur veut se créer une *cour*, et de ses braves compagnons d'armes il fait des comtes, ducs, princes.

Napoléon Ier et son état-major

Empereur!... Lui, le pauvre petit Corse! l'élève boursier de l'école de Brienne! Quel chemin il a parcouru!

Les maréchaux de l'Empire

83. Les plus illustres sont Ney, Murat, Lannes et Masséna. Ces noms glorieux sonnent dans notre histoire comme une fanfare!

Soleil d'Austerlitz

84. Napoléon, sur une hauteur, assiste à la défaite des Autrichiens et des Russes.

Napoléon Ier à Berlin

86. Napoléon se fait donner l'épée de Frédéric le Grand, roi de Prusse, lequel jadis avait vaincu la France.

Les Français à Berlin

85. A Iéna, Napoléon a écrasé la Prusse. Voyez-le qui entre en vainqueur à Berlin.

Les adieux de Napoléon!

88. Napoléon s'est laissé vaincre en Russie! Les ennemis, ne craignant plus Napoléon, marchent sur Paris. C'est l'invasion! Napoléon est condamné à l'exil. Avant de partir, il baise en pleurant le drapeau de la France!

La désastreuse guerre de Russie

Défaite de Waterloo

89. Napoléon ne reste pas longtemps en exil. Il s'enfuit de l'île d'Elbe. Mais, rentré en France, tous ses ennemis reprennent les armes contre lui. Il est encore vaincu à Waterloo. Cette fois son règne est bien fini.

87. « J'irai planter mes aigles à Moscou! » avait dit Napoléon, en colère. Ces paroles, c'était une déclaration de guerre. Hélas! notre armée s'enfonça dans les plaines glacées de la Russie, jusqu'à Moscou. Là, Napoléon pensait faire reposer ses troupes épuisées. Mais les Russes, pour chasser les Français, brûlèrent Moscou. Nos pauvres soldats durent battre en retraite et la plupart périrent de faim, de froid, de misère.

L'exilé!...

Sur le roc brûlant de Sainte-Hélène, seul, Napoléon regarde les nuages qui fuient vers la France.

Le tombeau!...

Une pierre! des saules!... voilà ce qui marque là-bas, dans l'île, la place du plus grand capitaine du monde.

Le roi
Louis XVIII

90. Sitôt que Napoléon I⁰ʳ eut quitté la France, les étrangers nous forcèrent à accepter pour roi Louis XVIII, un des frères de Louis XVI.

Le coup d'éventail
du dey d'Alger.

92. Plusieurs de nos vaisseaux avaient été pillés par des Algériens. Notre consul, au nom de la France, fit poliment des remontrances au dey ou roi d'Alger. Le dey furieux frappa de son éventail notre consul. Ce soufflet c'était une offense à la France. Pour venger l'injure, Charles X, qui régnait à cette époque, fit bombarder Alger.

Le roi
Charles X

91. Après le roi Louis XVIII, ce fut Charles X, autre frère de Louis XVI, qui régna. Il ne sut pas se faire aimer du peuple: il mourut en exil.

Abd-el-Kader
défenseur de l'Algérie

93. Nos troupes s'étaient emparées d'Alger. Mais la France voulait plus : elle voulait toute l'Algérie! Abd-el-Kader essaya, mais en vain, de nous arrêter. Vaincu, il devint le très fidèle ami de la France.

Le peuple parisien acclame
Louis-Philippe

Ce cousin de Charles X, qui glorifiait le drapeau tricolore, était très populaire. Le peuple le proclama roi.

Retour du glorieux
drapeau tricolore

94. Louis XVIII et Charles X avaient rejeté le drapeau national et repris le drapeau blanc. Mais le peuple replaça partout notre glorieux drapeau tricolore. En revoyant flotter les trois couleurs, les vieillards pleuraient d'émotion.

L'assaut de la tour Malakoff

95. A l'assaut, les zouaves ! Les tambours battent, les clairons sonnent et nos intrépides soldats s'élancent sur la tour Malakoff. Ils y plantent le drapeau tricolore. C'est la victoire ! les Russes sont vaincus.

Napoléon III

Ce neveu de Napoléon Ier renversa la République et se fit proclamer empereur.

Français en Italie Victoire de Magenta

96. Napoléon III aida les Italiens à chasser les Autrichiens de l'Italie. L'armée française remporta deux éclatantes victoires : l'une à Magenta, l'autre à Solférino. Les Autrichiens vaincus quittèrent l'Italie.

Terrible bataille de Sedan, en 1870

97. Napoléon III s'était engagé dans une guerre contre la Prusse. Hélas ! notre armée n'était pas prête pour la grande lutte. Partout nos pauvres soldats furent vaincus. Après la terrible bataille de Sedan, l'empereur se fit le prisonnier de la Prusse et livra son armée. La France, pleine de colère, brisa l'Empire.

Gambetta
l'organisateur
de la défense
nationale

La France
glorifie ses en-
fants tombés en
la défendant !

Les mobiles à l'assaut d'un village

98. A la chute de Napoléon III, les Français de tout âge se font soldats. Il faut chasser les Prussiens du territoire…. Beaucoup de batailles ! Beaucoup de morts ! Beaucoup d'actions héroïques ! Mais les Prussiens bien préparés avancent toujours.

Thiers
le président
de la
République

La France
glorifie ses en-
fants tombés en
la défendant !

Fin de la guerre de Prusse

99. La lutte n'est plus possible : la France est épuisée. Paris, assiégé, meurt de froid, de faim, de lassitude !… Enfin, Français et Allemands signent la paix ! Mais les Allemands exigent l'Alsace, la Lorraine et beaucoup d'argent.

Jules Ferry
un grand Français

Pasteur
un grand Français

Les Français aux Colonies

100. Depuis la guerre désastreuse avec l'Allemagne, qui semblait avoir ruiné notre France, le pays s'est relevé; il a repris fièrement son rang de grande nation. Avec beaucoup de courage, il a fait la conquête d'un riche empire colonial.

La France
agricole

glorifie ses enfants qui cultivent son sol!

La France
industrielle

glorifie ses enfants qui exploitent ses richesses !

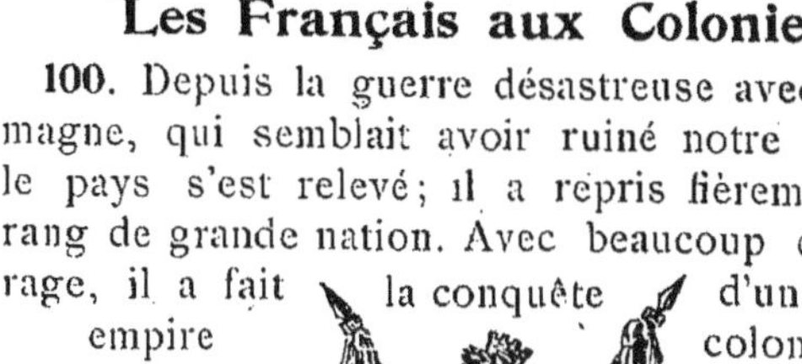

La loi règne en France.

Avant la Révolution tous les Français obéissaient au roi : il était souverain.
Depuis la Révolution tous les Français obéissent à la loi : elle est souveraine.

Table des Matières

60 232. — Imprimerie LAHURE, rue de Fleurus, 9, à Paris.